JN423390

제자훈련을 위한 성경암송(64구절)

필사노트

국제제자훈련원

머리말

"오늘 내가 네게 명하는 이 말씀을 너는 마음에 새기고"
-신명기 6:6 -

'제자훈련을 위한 성경암송(64구절)'은 제자훈련 교재의 각 과에서 핵심이 되는 말씀을 2구절씩 뽑은 것입니다. 말씀을 암송하면 제자훈련의 핵심 가치를 보다 명확하게 이해할 수 있으며 훈련에 더욱 집중할 수 있습니다.

이 필사 노트는 훈련생의 말씀 암송에 도움을 주고자 펴냈습니다. 말씀을 암송할 때 여러 번 읽고 소리 내어 외우는 것도 좋지만, 손으로 직접 써보면 훨씬 더 효과적이기 때문입니다. 또 이렇게 한 글자 한 글자 정성껏 적은 말씀은 귀중한 영적 자산이 되어 훈련을 마친 뒤에도 우리에게 제자의 사명을 일깨워줄 것입니다.

성경 필사를 통해서 말씀을 가슴에 새기고 거룩한 습관을 길러 주님의 온전한 제자로 성장하기를 바랍니다.

활용법

이 필사 노트는 아래의 3단계로 구성되었습니다.

1권 1과 A 나의 신앙고백과 간증

로마서 10:9-10

네가 만일 네 입으로 예수를 주로 시인하며 또 하나님께서 그를 죽은 자 가
살리신 것을 네 마음에 믿으면 구원을 받으리라 사람이 마음으로 믿어 의에
입으로 시인하여 구원에 이르느니라

로마서

네가 만일 네 입으로 예수를 주로 시인하며
또 하나님께서 그를 죽은 자 가운데서 살리신
네 마음에 믿으면 구원을 받으리라
사람이 마음으로 믿어 의에 이르고
입으로 시인하여 구원에 이르느니라

6 제자훈련을 위한 성경암송(64구절) 필사노트

❶단계 **묵상** 말씀을 소리 내어 여러 번 읽으며 묵상합니다.

❷단계 **암송** 주어진 글자를 따라 말씀을 적고 소리 내어 읽으며 암송합니다.

❸단계 **각인** 암송한 말씀을 빈칸에 5회 이상 적으며 마음에 새깁니다.

1권

제자훈련의 터 다지기

날마다 말씀과 기도를 통해 하나님과 긴밀한 교제를 하도록
제자훈련의 기초를 다져주는 말씀

1권 1과 A 나의 신앙고백과 간증

로마서 10:9-10

네가 만일 네 입으로 예수를 주로 시인하며 또 하나님께서 그를 죽은 자 가운데서 살리신 것을 네 마음에 믿으면 구원을 받으리라 사람이 마음으로 믿어 의에 이르고 입으로 시인하여 구원에 이르느니라

로마서 10:9-10

네가 만일 네 입으로 예수를 주로 시인하며
또 하나님께서 그를 죽은 자 가운데서 살리신 것을
네 마음에 믿으면 구원을 받으리라
사람이 마음으로 믿어 의에 이르고
입으로 시인하여 구원에 이르느니라

1권

1과 B 나의 신앙고백과 간증

마태복음 16:16

시몬 베드로가 대답하여 이르되 주는 그리스도시요 살아 계신 하나님의 아들이시니이다

마태복음 16:16

시몬 베드로가 대답하여 이르되
주는 그리스도시요
살아 계신 하나님의 아들이시니이다

1권 2과 A 하나님과 매일 만나는 생활

히브리서 4:16

그러므로 우리는 긍휼하심을 받고 때를 따라 돕는 은혜를 얻기 위하여 은혜의 보좌 앞에 담대히 나아갈 것이니라

히브리서 4:16

그러므로 우리는 긍휼하심을 받고
때를 따라 돕는 은혜를 얻기 위하여
은혜의 보좌 앞에 담대히 나아갈 것이니라

1권 2과 B 하나님과 매일 만나는 생활

예레미야애가 3:22-23

여호와의 인자와 긍휼이 무궁하시므로 우리가 진멸되지 아니함이니이다 이것들이 아침마다 새로우니 주의 성실하심이 크시도다

예레미야애가 3:22-23

여호와의 인자와 긍휼이 무궁하시므로
우리가 진멸되지 아니함이니이다
이것들이 아침마다 새로우니
주의 성실하심이 크시도다

1권 3과 A 경건의 시간

시편 1:1-2

복 있는 사람은 악인들의 꾀를 따르지 아니하며 죄인들의 길에 서지 아니하며 오만한 자들의 자리에 앉지 아니하고 오직 여호와의 율법을 즐거워하여 그의 율법을 주야로 묵상하는도다

시편 1:1-2

복 있는 사람은
악인들의 꾀를 따르지 아니하며
죄인들의 길에 서지 아니하며
오만한 자들의 자리에 앉지 아니하고
오직 여호와의 율법을 즐거워하여
그의 율법을 주야로 묵상하는도다

1권 3과 B 경건의 시간

시편 119:105

주의 말씀은 내 발에 등이요 내 길에 빛이니이다

시편 119:105

주의 말씀은

내 발에 등이요 내 길에 빛이니이다

1권 4과 A 살았고 운동력 있는 말씀

로마서 1:16

내가 복음을 부끄러워하지 아니하노니 이 복음은 모든 믿는 자에게 구원을 주시는 하나님의 능력이 됨이라 먼저는 유대인에게요 그리고 헬라인에게로다

로마서 1:16

내가 복음을 부끄러워하지 아니하노니
이 복음은 모든 믿는 자에게 구원을 주시는
하나님의 능력이 됨이라
먼저는 유대인에게요 그리고 헬라인에게로다

1권 4과 B 살았고 운동력 있는 말씀

디모데후서 3:16

모든 성경은 하나님의 감동으로 된 것으로 교훈과 책망과 바르게 함과 의로 교육하기에 유익하니

디모데후서 3:16

모든 성경은 하나님의 감동으로 된 것으로
교훈과 책망과 바르게 함과
의로 교육하기에 유익하니

1권 **5과 A** 무엇이 바른 기도인가

빌립보서 4:6-7

아무것도 염려하지 말고 다만 모든 일에 기도와 간구로, 너희 구할 것을 감사함으
로 하나님께 아뢰라 그리하면 모든 지각에 뛰어난 하나님의 평강이 그리스도 예수
안에서 너희 마음과 생각을 지키시리라

빌립보서 4:6-7

아무것도 염려하지 말고
다만 모든 일에 기도와 간구로,
너희 구할 것을 감사함으로 하나님께 아뢰라
그리하면 모든 지각에 뛰어난 하나님의 평강이
그리스도 예수 안에서
너희 마음과 생각을 지키시리라

1권 5과 B 무엇이 바른 기도인가

마태복음 6:6

너는 기도할 때에 네 골방에 들어가 문을 닫고 은밀한 중에 계신 네 아버지께 기도
하라 은밀한 중에 보시는 네 아버지께서 갚으시리라

마태복음 6:6

너는 기도할 때에
네 골방에 들어가 문을 닫고
은밀한 중에 계신 네 아버지께 기도하라
은밀한 중에 보시는 네 아버지께서 갚으시리라

1권 6과 A 기도의 응답

요한복음 15:7

너희가 내 안에 거하고 내 말이 너희 안에 거하면 무엇이든지 원하는 대로 구하라 그리하면 이루리라

요한복음 15:7

너희가 내 안에 거하고 내 말이 너희 안에 거하면
무엇이든지 원하는 대로 구하라
그리하면 이루리라

1권 6과 B 기도의 응답

마태복음 7:11

너희가 악한 자라도 좋은 것으로 자식에게 줄 줄 알거든 하물며 하늘에 계신 너희 아버지께서 구하는 자에게 좋은 것으로 주시지 않겠느냐

마태복음 7:11

너희가 악한 자라도 좋은 것으로 자식에게
줄 줄 알거든
하물며 하늘에 계신 너희 아버지께서
구하는 자에게 좋은 것으로 주시지 않겠느냐

2권

아무도 흔들 수 없는 나의 구원

구원의 진리를 복음과 교리, 생활이라는 삼중적 관계를 통해
연구하고 묵상하게 하는 말씀

2권 1과 A 성경의 권위

베드로후서 1:21

예언은 언제든지 사람의 뜻으로 낸 것이 아니요 오직 성령의 감동하심을 받은 사람들이 하나님께 받아 말한 것임이라

베드로후서 1:21

예언은 언제든지 사람의 뜻으로 낸 것이 아니요
오직 성령의 감동하심을 받은 사람들이
하나님께 받아 말한 것임이라

2권 1과 B 성경의 권위

여호수아 1:8

이 율법책을 네 입에서 떠나지 말게 하며 주야로 그것을 묵상하여 그 안에 기록된 대로 다 지켜 행하라 그리하면 네 길이 평탄하게 될 것이며 네가 형통하리라

여호수아 1:8

이 율법책을 네 입에서 떠나지 말게 하며
주야로 그것을 묵상하여
그 안에 기록된 대로 다 지켜 행하라
그리하면 네 길이 평탄하게 될 것이며
네가 형통하리라

2권 2과 A

하나님은 누구신가

로마서 11:36상

이는 만물이 주에게서 나오고 주로 말미암고 주에게로 돌아감이라

로마서 11:36상

이는 만물이 주에게서 나오고 주로 말미암고
주에게로 돌아감이라

2과 B 하나님은 누구신가

예레미야 31:3하

내가 영원한 사랑으로 너를 사랑하기에 인자함으로 너를 이끌었다 하였노라

예레미야 31:3하

내가 영원한 사랑으로 너를 사랑하기에
인자함으로 너를 이끌었다 하였노라

2권 3과 A 예수 그리스도는 누구신가

히브리서 4:15

우리에게 있는 대제사장은 우리의 연약함을 동정하지 못하실 이가 아니요 모든 일에 우리와 똑같이 시험을 받으신 이로되 죄는 없으시니라

히브리서 4:15

우리에게 있는 대제사장은 우리의 연약함을
동정하지 못하실 이가 아니요
모든 일에 우리와 똑같이 시험을 받으신 이로되
죄는 없으시니라

2권 3과 B 예수 그리스도는 누구신가

요한복음 14:6

예수께서 이르시되 내가 곧 길이요 진리요 생명이니 나로 말미암지 않고는 아버지께로 올 자가 없느니라

요한복음 14:6

예수께서 이르시되
내가 곧 길이요 진리요 생명이니
나로 말미암지 않고는 아버지께로 올 자가 없느니라

2권 4과 A 삼위일체 하나님

요한복음 1:1

태초에 말씀이 계시니라 이 말씀이 하나님과 함께 계셨으니 이 말씀은 곧 하나님이시니라

요한복음 1:1

태초에 말씀이 계시니라
이 말씀이 하나님과 함께 계셨으니
이 말씀은 곧 하나님이시니라

2권 4과 B 삼위일체 하나님

고린도후서 13:13

주 예수 그리스도의 은혜와 하나님의 사랑과 성령의 교통하심이 너희 무리와 함께 있을지어다

고린도후서 13:13

주 예수 그리스도의 은혜와 하나님의 사랑과
성령의 교통하심이
너희 무리와 함께 있을지어다

2권 5과 A 인간의 타락과 그 결과

로마서 5:12

그러므로 한 사람으로 말미암아 죄가 세상에 들어오고 죄로 말미암아 사망이 들어왔나니 이와 같이 모든 사람이 죄를 지었으므로 사망이 모든 사람에게 이르렀느니라

로마서 5:12

그러므로 한 사람으로 말미암아
죄가 세상에 들어오고
죄로 말미암아 사망이 들어왔나니
이와 같이 모든 사람이 죄를 지었으므로
사망이 모든 사람에게 이르렀느니라

2권 5과 B 인간의 타락과 그 결과

히브리서 9:27

한번 죽는 것은 사람에게 정해진 것이요 그 후에는 심판이 있으리니

히브리서 9:27

한번 죽는 것은 사람에게 정해진 것이요
그 후에는 심판이 있으리니

2권 6과 A 예수 그리스도의 죽음

로마서 5:8

우리가 아직 죄인 되었을 때에 그리스도께서 우리를 위하여 죽으심으로 하나님께
서 우리에 대한 자기의 사랑을 확증하셨느니라

로마서 5:8

우리가 아직 죄인 되었을 때에
그리스도께서 우리를 위하여 죽으심으로
하나님께서 우리에 대한 자기의 사랑을
확증하셨느니라

6과 B 예수 그리스도의 죽음

갈라디아서 3:13

그리스도께서 우리를 위하여 저주를 받은 바 되사 율법의 저주에서 우리를 속량하셨으니 기록된 바 나무에 달린 자마다 저주 아래에 있는 자라 하였음이라

갈라디아서 3:13

그리스도께서 우리를 위하여 저주를 받은 바 되사
율법의 저주에서 우리를 속량하셨으니
기록된 바
나무에 달린 자마다 저주 아래에 있는 자라
하였음이라

2권 7과 A 예수 그리스도의 부활

로마서 4:25

예수는 우리가 범죄한 것 때문에 내줌이 되고 또한 우리를 의롭다 하시기 위하여 살아나셨느니라

로마서 4:25

예수는 우리가 범죄한 것 때문에 내줌이 되고
또한 우리를 의롭다 하시기 위하여
살아나셨느니라

2권 7과 B 예수 그리스도의 부활

갈라디아서 2:20

내가 그리스도와 함께 십자가에 못 박혔나니 그런즉 이제는 내가 사는 것이 아니요 오직 내 안에 그리스도께서 사시는 것이라 이제 내가 육체 가운데 사는 것은 나를 사랑하사 나를 위하여 자기 자신을 버리신 하나님의 아들을 믿는 믿음 안에서 사는 것이라 갈라디아서 2:20

내가 그리스도와 함께 십자가에 못 박혔나니
그런즉 이제는 내가 사는 것이 아니요
오직 내 안에 그리스도께서 사시는 것이라
이제 내가 육체 가운데 사는 것은
나를 사랑하사 나를 위하여 자기 자신을 버리신
하나님의 아들을 믿는 믿음 안에서 사는 것이라

2권 8과 A 약속대로 오신 성령

사도행전 2:38

베드로가 이르되 너희가 회개하여 각각 예수 그리스도의 이름으로 세례를 받고 죄 사함을 받으라 그리하면 성령의 선물을 받으리니

사도행전 2:38

베드로가 이르되
너희가 회개하여 각각 예수 그리스도의 이름으로
세례를 받고 죄 사함을 받으라
그리하면 성령의 선물을 받으리니

2권 8과 B 약속대로 오신 성령

고린도전서 12:13

우리가 유대인이나 헬라인이나 종이나 자유인이나 다 한 성령으로 세례를 받아 한 몸이 되었고 또 다 한 성령을 마시게 하셨느니라

고린도전서 12:13

우리가 유대인이나 헬라인이나 종이나 자유인이나
다 한 성령으로 세례를 받아 한 몸이 되었고
또 다 한 성령을 마시게 하셨느니라

2권 9과 A 거듭난 사람

디도서 3:5

우리를 구원하시되 우리가 행한 바 의로운 행위로 말미암지 아니하고 오직 그의 긍휼하심을 따라 중생의 씻음과 성령의 새롭게 하심으로 하셨나니

디도서 3:5

우리를 구원하시되 우리가 행한 바
의로운 행위로 말미암지 아니하고
오직 그의 긍휼하심을 따라
중생의 씻음과 성령의 새롭게 하심으로 하셨나니

2권 9과 B 거듭난 사람

데살로니가전서 1:3-4

너희의 믿음의 역사와 사랑의 수고와 우리 주 예수 그리스도에 대한 소망의 인내를 우리 하나님 아버지 앞에서 끊임없이 기억함이니 하나님의 사랑하심을 받은 형제들아 너희를 택하심을 아노라

데살로니가전서 1:3-4

너희의 믿음의 역사와 사랑의 수고와
우리 주 예수 그리스도에 대한 소망의 인내를
우리 하나님 아버지 앞에서 끊임없이 기억함이니
하나님의 사랑하심을 받은 형제들아
너희를 택하심을 아노라

2권 10과 A 믿음이란 무엇인가

에베소서 2:8-9

너희는 그 은혜에 의하여 믿음으로 말미암아 구원을 받았으니 이것은 너희에게서 난 것이 아니요 하나님의 선물이라 행위에서 난 것이 아니니 이는 누구든지 자랑하지 못하게 함이라

에베소서 2:8-9

너희는 그 은혜에 의하여
믿음으로 말미암아 구원을 받았으니
이것은 너희에게서 난 것이 아니요
하나님의 선물이라 행위에서 난 것이 아니니
이는 누구든지 자랑하지 못하게 함이라

2권 10과 B 믿음이란 무엇인가

로마서 4:18

아브라함이 바랄 수 없는 중에 바라고 믿었으니 이는 네 후손이 이 같으리라 하신 말씀대로 많은 민족의 조상이 되게 하려 하심이라

로마서 4:18

아브라함이 바랄 수 없는 중에 바라고 믿었으니
이는 네 후손이 이 같으리라 하신 말씀대로
많은 민족의 조상이 되게 하려 하심이라

2권 11과 A 의롭다 함을 받은 은혜

로마서 3:21-22

이제는 율법 외에 하나님의 한 의가 나타났으니 율법과 선지자들에게 증거를 받은 것이라 곧 예수 그리스도를 믿음으로 말미암아 모든 믿는 자에게 미치는 하나님의 의니 차별이 없느니라

로마서 3:21-22

이제는 율법 외에 하나님의 한 의가 나타났으니
율법과 선지자들에게 증거를 받은 것이라
곧 예수 그리스도를 믿음으로 말미암아
모든 믿는 자에게 미치는 하나님의 의니
차별이 없느니라

2권 11과 B 의롭다 함을 받은 은혜

로마서 8:32

자기 아들을 아끼지 아니하시고 우리 모든 사람을 위하여 내주신 이가 어찌 그 아들과 함께 모든 것을 우리에게 주시지 아니하겠느냐

로마서 8:32

자기 아들을 아끼지 아니하시고
우리 모든 사람을 위하여 내주신 이가
어찌 그 아들과 함께 모든 것을
우리에게 주시지 아니하겠느냐

2권 12과 A 우리 안에 계시는 성령

로마서 8:26

이와 같이 성령도 우리의 연약함을 도우시나니 우리는 마땅히 기도할 바를 알지 못하나 오직 성령이 말할 수 없는 탄식으로 우리를 위하여 친히 간구하시느니라

로마서 8:26

이와 같이 성령도 우리의 연약함을 도우시나니
우리는 마땅히 기도할 바를 알지 못하나
오직 성령이 말할 수 없는 탄식으로
우리를 위하여 친히 간구하시느니라

2권

12과 B 우리 안에 계시는 성령

갈라디아서 5:22-23

오직 성령의 열매는 사랑과 희락과 화평과 오래 참음과 자비와 양선과 충성과 온유와 절제니 이 같은 것을 금지할 법이 없느니라

갈라디아서 5:22-23

오직 성령의 열매는 사랑과 희락과 화평과
오래 참음과 자비와 양선과 충성과 온유와 절제니
이 같은 것을 금지할 법이 없느니라

2권 13과 A 그리스도인의 성화

고린도후서 7:1

그런즉 사랑하는 자들아 이 약속을 가진 우리는 하나님을 두려워하는 가운데서 거룩함을 온전히 이루어 육과 영의 온갖 더러운 것에서 자신을 깨끗하게 하자

고린도후서 7:1

그런즉 사랑하는 자들아
이 약속을 가진 우리는 하나님을 두려워하는
가운데서 거룩함을 온전히 이루어
육과 영의 온갖 더러운 것에서 자신을 깨끗하게 하자

2권 13과 B 그리스도인의 성화

요한1서 3:3

주를 향하여 이 소망을 가진 자마다 그의 깨끗하심과 같이 자기를 깨끗하게 하느니라

요한1서 3:3

주를 향하여 이 소망을 가진 자마다
그의 깨끗하심과 같이 자기를 깨끗하게 하느니라

2권 14과 A 예수 그리스도의 재림

요한계시록 22:7
보라 내가 속히 오리니 이 두루마리의 예언의 말씀을 지키는 자는 복이 있으리라 하더라

요한계시록 22:7

보라 내가 속히 오리니
이 두루마리의 예언의 말씀을
지키는 자는 복이 있으리라 하더라

14과 B 예수 그리스도의 재림

데살로니가전서 4:16-17

주께서 호령과 천사장의 소리와 하나님의 나팔 소리로 친히 하늘로부터 강림하시리니 그리스도 안에서 죽은 자들이 먼저 일어나고 그 후에 우리 살아남은 자들도 그들과 함께 구름 속으로 끌어 올려 공중에서 주를 영접하게 하시리니 그리하여 우리가 항상 주와 함께 있으리라 데살로니가전서 4:16-17

주께서 호령과 천사장의 소리와 하나님의 나팔 소리로
친히 하늘로부터 강림하시리니
그리스도 안에서 죽은 자들이 먼저 일어나고
그 후에 우리 살아남은 자들도
그들과 함께 구름 속으로 끌어 올려
공중에서 주를 영접하게 하시리니
그리하여 우리가 항상 주와 함께 있으리라

3권

작은 예수가 되라

하나님의 자녀라는 신분에 걸맞은 거룩한 인격과 삶을 갖추도록
자신을 돌아보게 하는 말씀

3권 1과 A 순종의 생활

마태복음 7:24

그러므로 누구든지 나의 이 말을 듣고 행하는 자는 그 집을 반석 위에 지은 지혜로운 사람 같으리니

마태복음 7:24

그러므로 누구든지
나의 이 말을 듣고 행하는 자는
그 집을 반석 위에 지은 지혜로운 사람 같으리니

3권 1과 B 순종의 생활

요한복음 14:21

나의 계명을 지키는 자라야 나를 사랑하는 자니 나를 사랑하는 자는 내 아버지께 사랑을 받을 것이요 나도 그를 사랑하여 그에게 나를 나타내리라

요한복음 14:21

나의 계명을 지키는 자라야 나를 사랑하는 자니
나를 사랑하는 자는 내 아버지께 사랑을 받을 것이요
나도 그를 사랑하여 그에게 나를 나타내리라

3권 2과 A 봉사의 의무

빌립보서 2:3-4

아무 일에든지 다툼이나 허영으로 하지 말고 오직 겸손한 마음으로 각각 자기보다 남을 낫게 여기고 각각 자기 일을 돌볼뿐더러 또한 각각 다른 사람들의 일을 돌보아 나의 기쁨을 충만하게 하라

빌립보서 2:3-4

아무 일에든지 다툼이나 허영으로 하지 말고
오직 겸손한 마음으로
각각 자기보다 남을 낫게 여기고
각각 자기 일을 돌볼뿐더러
또한 각각 다른 사람들의 일을 돌보아
나의 기쁨을 충만하게 하라

3권 2과 B 봉사의 의무

베드로전서 4:11상

만일 누가 말하려면 하나님의 말씀을 하는 것같이 하고 누가 봉사하려면 하나님이 공급하시는 힘으로 하는 것같이 하라

베드로전서 4:11상

만일 누가 말하려면
하나님의 말씀을 하는 것같이 하고
누가 봉사하려면
하나님이 공급하시는 힘으로 하는 것같이 하라

3권 3과 A 그리스도를 증거하는 생활

마태복음 28:19-20

그러므로 너희는 가서 모든 민족을 제자로 삼아 아버지와 아들과 성령의 이름으로 세례를 베풀고 내가 너희에게 분부한 모든 것을 가르쳐 지키게 하라 볼지어다 내가 세상 끝날까지 너희와 항상 함께 있으리라 하시니라

마태복음 28:19-20

그러므로 너희는 가서 모든 민족을 제자로 삼아
아버지와 아들과 성령의 이름으로 세례를 베풀고
내가 너희에게 분부한 모든 것을 가르쳐 지키게 하라
볼지어다 내가 세상 끝날까지
너희와 항상 함께 있으리라 하시니라

3권 3과 B 그리스도를 증거하는 생활

마태복음 5:16

이같이 너희 빛이 사람 앞에 비치게 하여 그들로 너희 착한 행실을 보고 하늘에 계신 너희 아버지께 영광을 돌리게 하라

마태복음 5:16

이같이 너희 빛이 사람 앞에 비치게 하여
그들로 너희 착한 행실을 보고
하늘에 계신 너희 아버지께 영광을 돌리게 하라

3권 4과 A 말의 덕을 세우는 사람

누가복음 6:45

선한 사람은 마음에 쌓은 선에서 선을 내고 악한 자는 그 쌓은 악에서 악을 내나니
이는 마음에 가득한 것을 입으로 말함이니라

누가복음 6:45

선한 사람은 마음에 쌓은 선에서 선을 내고
악한 자는 그 쌓은 악에서 악을 내나니
이는 마음에 가득한 것을 입으로 말함이니라

3권 4과 B 말의 덕을 세우는 사람

잠언 15:23

사람은 그 입의 대답으로 말미암아 기쁨을 얻나니 때에 맞는 말이 얼마나 아름다운고

잠언 15:23

사람은 그 입의 대답으로 말미암아 기쁨을 얻나니
때에 맞는 말이 얼마나 아름다운고

3권 5과 A 영적 성장과 성숙

에베소서 4:13

우리가 다 하나님의 아들을 믿는 것과 아는 일에 하나가 되어 온전한 사람을 이루어 그리스도의 장성한 분량이 충만한 데까지 이르리니

에베소서 4:13

우리가 다 하나님의 아들을 믿는 것과 아는 일에
하나가 되어 온전한 사람을 이루어
그리스도의 장성한 분량이 충만한 데까지 이르리니

3권 5과 B 영적 성장과 성숙

빌립보서 3:12
내가 이미 얻었다 함도 아니요 온전히 이루었다 함도 아니라 오직 내가 그리스도 예수께 잡힌 바 된 그것을 잡으려고 달려가노라

빌립보서 3:12

내가 이미 얻었다 함도 아니요
온전히 이루었다 함도 아니라
오직 내가 그리스도 예수께 잡힌 바 된 그것을
잡으려고 달려가노라

3권 6과 A 순결한 생활

고린도전서 6:19-20

너희 몸은 너희가 하나님께로부터 받은 바 너희 가운데 계신 성령의 전인 줄을 알지 못하느냐 너희는 너희 자신의 것이 아니라 값으로 산 것이 되었으니 그런즉 너희 몸으로 하나님께 영광을 돌리라

고린도전서 6:19-20

너희 몸은 너희가 하나님께로부터 받은 바
너희 가운데 계신 성령의 전인 줄을 알지 못하느냐
너희는 너희 자신의 것이 아니라
값으로 산 것이 되었으니
그런즉 너희 몸으로 하나님께 영광을 돌리라

3권 6과 B 순결한 생활

디모데후서 2:22
또한 너는 청년의 정욕을 피하고 주를 깨끗한 마음으로 부르는 자들과 함께 의와 믿음과 사랑과 화평을 따르라

디모데후서 2:22

또한 너는 청년의 정욕을 피하고
주를 깨끗한 마음으로 부르는 자들과 함께
의와 믿음과 사랑과 화평을 따르라

3권 7과 A 그리스도인의 가정생활

에베소서 6:1-3

자녀들아 주 안에서 너희 부모에게 순종하라 이것이 옳으니라 네 아버지와 어머니를 공경하라 이것은 약속이 있는 첫 계명이니 이로써 네가 잘되고 땅에서 장수하리라

에베소서 6:1-3

자녀들아 주 안에서 너희 부모에게 순종하라
이것이 옳으니라
네 아버지와 어머니를 공경하라
이것은 약속이 있는 첫 계명이니
이로써 네가 잘되고 땅에서 장수하리라

3권 7과 B 그리스도인의 가정생활

신명기 6:6-7

오늘 내가 네게 명하는 이 말씀을 너는 마음에 새기고 네 자녀에게 부지런히 가르치며 집에 앉았을 때에든지 길을 갈 때에든지 누워 있을 때에든지 일어날 때에든지 이 말씀을 강론할 것이며

신명기 6:6-7

오늘 내가 네게 명하는 이 말씀을
너는 마음에 새기고
네 자녀에게 부지런히 가르치며
집에 앉았을 때에든지 길을 갈 때에든지
누워 있을 때에든지 일어날 때에든지
이 말씀을 강론할 것이며

3권 8과 A 신앙 인격의 연단

시편 119: 71

고난 당한 것이 내게 유익이라 이로 말미암아 내가 주의 율례들을 배우게 되었나이다

시편 119:71

고난 당한 것이 내게 유익이라
이로 말미암아
내가 주의 율례들을 배우게 되었나이다

3권 8과 B 신앙 인격의 연단

로마서 8:28

우리가 알거니와 하나님을 사랑하는 자 곧 그의 뜻대로 부르심을 입은 자들에게는 모든 것이 합력하여 선을 이루느니라

로마서 8:28

우리가 알거니와 하나님을 사랑하는 자
곧 그의 뜻대로 부르심을 입은 자들에게는
모든 것이 합력하여 선을 이루느니라

3권 9과 A 그리스도의 주재권

로마서 14:7-8

우리 중에 누구든지 자기를 위하여 사는 자가 없고 자기를 위하여 죽는 자도 없도다 우리가 살아도 주를 위하여 살고 죽어도 주를 위하여 죽나니 그러므로 사나 죽으나 우리가 주의 것이로다

로마서 14:7-8

우리 중에 누구든지 자기를 위하여 사는 자가 없고
자기를 위하여 죽는 자도 없도다
우리가 살아도 주를 위하여 살고
죽어도 주를 위하여 죽나니
그러므로 사나 죽으나 우리가 주의 것이로다

3권 9과 B 그리스도의 주재권

요한계시록 3:20

볼지어다 내가 문밖에 서서 두드리노니 누구든지 내 음성을 듣고 문을 열면 내가 그에게로 들어가 그와 더불어 먹고 그는 나와 더불어 먹으리라

요한계시록 3:20

볼지어다 내가 문밖에 서서 두드리노니
누구든지 내 음성을 듣고 문을 열면
내가 그에게로 들어가 그와 더불어 먹고
그는 나와 더불어 먹으리라

3권 10과 A 청지기 직

에베소서 5:15-16

그런즉 너희가 어떻게 행할지를 자세히 주의하여 지혜 없는 자같이 하지 말고 오직
지혜 있는 자같이 하여 세월을 아끼라 때가 악하니라

에베소서 5:15-16

그런즉 너희가 어떻게 행할지를 자세히 주의하여
지혜 없는 자같이 하지 말고
오직 지혜 있는 자같이 하여 세월을 아끼라
때가 악하니라

3권 10과 B 청지기 직

디모데전서 6:17

네가 이 세대에서 부한 자들을 명하여 마음을 높이지 말고 정함이 없는 재물에 소망을 두지 말고 오직 우리에게 모든 것을 후히 주사 누리게 하시는 하나님께 두며

디모데전서 6:17

네가 이 세대에서 부한 자들을 명하여
마음을 높이지 말고
정함이 없는 재물에 소망을 두지 말고
오직 우리에게 모든 것을 후히 주사 누리게 하시는
하나님께 두며

3권 11과 A 영적 전투

베드로전서 5:8

근신하라 깨어라 너희 대적 마귀가 우는 사자같이 두루 다니며 삼킬 자를 찾나니

베드로전서 5:8

근신하라 깨어라
너희 대적 마귀가 우는 사자같이 두루 다니며
삼킬 자를 찾나니

3권 11과 B 영적 전투

에베소서 6:10-11

끝으로 너희가 주 안에서와 그 힘의 능력으로 강건하여지고 마귀의 간계를 능히 대적하기 위하여 하나님의 전신 갑주를 입으라

에베소서 6:10-11

끝으로
너희가 주 안에서와 그 힘의 능력으로 강건하여지고
마귀의 간계를 능히 대적하기 위하여
하나님의 전신 갑주를 입으라

3권 12과 A 새 계명: 사랑하라

요한복음 13:34-35

새 계명을 너희에게 주노니 서로 사랑하라 내가 너희를 사랑한 것같이 너희도 서로 사랑하라 너희가 서로 사랑하면 이로써 모든 사람이 너희가 내 제자인 줄 알리라

요한복음 13:34-35

새 계명을 너희에게 주노니 서로 사랑하라
내가 너희를 사랑한 것같이 너희도 서로 사랑하라
너희가 서로 사랑하면 이로써 모든 사람이
너희가 내 제자인 줄 알리라

3권 12과 B 새 계명: 사랑하라

요한1서 3:18

자녀들아 우리가 말과 혀로만 사랑하지 말고 행함과 진실함으로 하자

요한1서 3:18

자녀들아 우리가 말과 혀로만 사랑하지 말고
행함과 진실함으로 하자

부록

제자훈련을 위한 성경암송(64구절)

나의 신앙고백과 간증

로마서 10:9–10

네가 만일 네 입으로 예수를 주로 시인하며 또 하나님께서 그를 죽은 자 가운데서 살리신 것을 네 마음에 믿으면 구원을 받으리라 사람이 마음으로 믿어 의에 이르고 입으로 시인하여 구원에 이르느니라

로마서 10:9–10

1권 1과 A

나의 신앙고백과 간증

마태복음 16:16

시몬 베드로가 대답하여 이르되 주는 그리스도시요 살아 계신 하나님의 아들이시니이다

마태복음 16:16

1권 1과 B

하나님과 매일 만나는 생활

히브리서 4:16

그러므로 우리는 긍휼하심을 받고 때를 따라 돕는 은혜를 얻기 위하여 은혜의 보좌 앞에 담대히 나아갈 것이니라

히브리서 4:16

1권 2과 A

하나님과 매일 만나는 생활

예레미야애가 3:22–23

여호와의 인자와 긍휼이 무궁하시므로 우리가 진멸되지 아니함이니이다 이것들이 아침마다 새로우니 주의 성실하심이 크시도소이다

예레미야애가 3:22–23

1권 2과 B

경건의 시간

시편 1:1–2

복 있는 사람은 악인들의 꾀를 따르지 아니하며 죄인들의 길에 서지 아니하며 오만한 자들의 자리에 앉지 아니하고 오직 여호와의 율법을 즐거워하여 그의 율법을 주야로 묵상하는도다

시편 1:1–2

1권 3과 A

경건의 시간

시편 119:105

주의 말씀은 내 발에 등이요 내 길에 빛이니이다

시편 119:105

1권 3과 B

살았고 운동력 있는 말씀

로마서 1:16

내가 복음을 부끄러워하지 아니하노니 이 복음은 모든 믿는 자에게 구원을 주시는 하나님의 능력이 됨이라 먼저는 유대인에게요 그리고 헬라인에게로다

로마서 1:16

1권 4과 A

살았고 운동력 있는 말씀

디모데후서 3:16

모든 성경은 하나님의 감동으로 된 것으로 교훈과 책망과 바르게 함과 의로 교육하기에 유익하니

디모데후서 3:16

1권 4과 B

무엇이 바른 기도인가

빌립보서 4:6-7

아무것도 염려하지 말고 다만 모든 일에 기도와 간구로, 너희 구할 것을 감사함으로 하나님께 아뢰라 그리하면 모든 지각에 뛰어난 하나님의 평강이 그리스도 예수 안에서 너희 마음과 생각을 지키시리라

빌립보서 4:6-7

1권 5과 A

무엇이 바른 기도인가

마태복음 6:6

너는 기도할 때에 네 골방에 들어가 문을 닫고 은밀한 중에 계신 네 아버지께 기도하라 은밀한 중에 보시는 네 아버지께서 갚으시리라

마태복음 6:6

1권 5과 B

기도의 응답

요한복음 15:7

너희가 내 안에 거하고 내 말이 너희 안에 거하면 무엇이든지 원하는 대로 구하라 그리하면 이루리라

요한복음 15:7

1권 6과 A

기도의 응답

마태복음 7:11

너희가 악한 자라도 좋은 것으로 자식에게 줄 줄 알거든 하물며 하늘에 계신 너희 아버지께서 구하는 자에게 좋은 것으로 주시지 않겠느냐

마태복음 7:11

1권 6과 B

성경의 권위

베드로후서 1:21

예언은 언제든지 사람의 뜻으로 낸 것이 아니요 오직 성령의 감동하심을 받은 사람들이 하나님께 받아 말한 것임이라

베드로후서 1:21

2권 1과 A

성경의 권위

여호수아 1:8

이 율법책을 네 입에서 떠나지 말게 하며 주야로 그것을 묵상하여 그 안에 기록된 대로 다 지켜 행하라 그리하면 네 길이 평탄하게 될 것이며 네가 형통하리라

여호수아 1:8

2권 1과 B

하나님은 누구신가

로마서 11:36상

이는 만물이 주에게서 나오고 주로 말미암고 주에게로 돌아감이라

로마서 11:36상

2권 2과 A

하나님은 누구신가

예레미야 31:3하

내가 영원한 사랑으로 너를 사랑하기에 인자함으로 너를 이끌었다 하였노라

예레미야 31:3하

2권 2과 B

예수 그리스도는 누구신가

히브리서 4:15

우리에게 있는 대제사장은 우리의 연약함을 동정하지 못하실 이가 아니요 모든 일에 우리와 똑같이 시험을 받으신 이로되 죄는 없으시니라

히브리서 4:15

2권 3과 A

예수 그리스도는 누구신가

요한복음 14:6

예수께서 이르시되 내가 곧 길이요 진리요 생명이니 나로 말미암지 않고는 아버지께로 올 자가 없느니라

요한복음 14:6

2권 3과 B

삼위일체 하나님

요한복음 1:1

태초에 말씀이 계시니라 이 말씀이 하나님과 함께 계셨으니 이 말씀은 곧 하나님이시니라

요한복음 1:1

2권 4과 A

삼위일체 하나님

고린도후서 13:13

주 예수 그리스도의 은혜와 하나님의 사랑과 성령의 교통하심이 너희 무리와 함께 있을지어다

고린도후서 13:13

2권 4과 B

인간의 타락과 그 결과

로마서 5:12

그러므로 한 사람으로 말미암아 죄가 세상에 들어오고 죄로 말미암아 사망이 들어왔나니 이와 같이 모든 사람이 죄를 지었으므로 사망이 모든 사람에게 이르렀느니라

로마서 5:12

2권 5과 A

인간의 타락과 그 결과

히브리서 9:27

한번 죽는 것은 사람에게 정해진 것이요 그 후에는 심판이 있으리니

히브리서 9:27

2권 5과 B

예수 그리스도의 죽음

로마서 5:8

우리가 아직 죄인 되었을 때에 그리스도께서 우리를 위하여 죽으심으로 하나님께서 우리에 대한 자기의 사랑을 확증하셨느니라

로마서 5:8

2권 6과 A

예수 그리스도의 죽음

갈라디아서 3:13

그리스도께서 우리를 위하여 저주를 받은 바 되사 율법의 저주에서 우리를 속량하셨으니 기록된 바 나무에 달린 자마다 저주 아래에 있는 자라 하였음이라

갈라디아서 3:13

2권 6과 B

예수 그리스도의 부활

로마서 4:25

예수는 우리가 범죄한 것 때문에 내줌이 되고 또한 우리를 의롭다 하시기 위하여 살아나셨느니라

로마서 4:25

2권 7과 A

예수 그리스도의 부활

갈라디아서 2:20

내가 그리스도와 함께 십자가에 못 박혔나니 그런즉 이제는 내가 사는 것이 아니요 오직 내 안에 그리스도께서 사시는 것이라 이제 내가 육체 가운데 사는 것은 나를 사랑하사 나를 위하여 자기 자신을 버리신 하나님의 아들을 믿는 믿음 안에서 사는 것이라

갈라디아서 2:20

2권 7과 B

약속대로 오신 성령

사도행전 2:38

베드로가 이르되 너희가 회개하여 각각 예수 그리스도의 이름으로 세례를 받고 죄 사함을 받으라 그리하면 성령의 선물을 받으리니

사도행전 2:38

2권 8과 A

약속대로 오신 성령

고린도전서 12:13

우리가 유대인이나 헬라인이나 종이나 자유인이나 다 한 성령으로 세례를 받아 한 몸이 되었고 또 다 한 성령을 마시게 하셨느니라

고린도전서 12:13

2권 8과 B

거듭난 사람

디도서 3:5

우리를 구원하시되 우리가 행한 바 의로운 행위로 말미암지 아니하고 오직 그의 긍휼하심을 따라 중생의 씻음과 성령의 새롭게 하심으로 하셨나니

디도서 3:5

2권 9과 A

거듭난 사람

데살로니가전서 1:3-4

너희의 믿음의 역사와 사랑의 수고와 우리 주 예수 그리스도에 대한 소망의 인내를 우리 하나님 아버지 앞에서 끊임없이 기억함이니 하나님의 사랑하심을 받은 형제들아 너희를 택하심을 아노라

데살로니가전서 1:3-4

2권 9과 B

믿음이란 무엇인가

에베소서 2:8-9

너희는 그 은혜에 의하여 믿음으로 말미암아 구원을 받았으니 이것은 너희에게서 난 것이 아니요 하나님의 선물이라 행위에서 난 것이 아니니 이는 누구든지 자랑하지 못하게 함이라

에베소서 2:8-9

2권 10과 A

믿음이란 무엇인가

로마서 4:18

아브라함이 바랄 수 없는 중에 바라고 믿었으니 이는 네 후손이 이 같으리라 하신 말씀대로 많은 민족의 조상이 되게 하려 하심이라

로마서 4:18

2권 10과 B

의롭다 함을 받은 은혜

로마서 3:21-22

이제는 율법 외에 하나님의 한 의가 나타났으니 율법과 선지자들에게 증거를 받은 것이라 곧 예수 그리스도를 믿음으로 말미암아 모든 믿는 자에게 미치는 하나님의 의니 차별이 없느니라

로마서 3:21-22

2권 11과 A

의롭다 함을 받은 은혜

로마서 8:32

자기 아들을 아끼지 아니하시고 우리 모든 사람을 위하여 내주신 이가 어찌 그 아들과 함께 모든 것을 우리에게 주시지 아니하겠느냐

로마서 8:32

2권 11과 B

우리 안에 계시는 성령

로마서 8:26

이와 같이 성령도 우리의 연약함을 도우시나니 우리는 마땅히 기도할 바를 알지 못하나 오직 성령이 말할 수 없는 탄식으로 우리를 위하여 친히 간구하시느니라

로마서 8:26

2권 12과 A

우리 안에 계시는 성령

갈라디아서 5:22-23

오직 성령의 열매는 사랑과 희락과 화평과 오래 참음과 자비와 양선과 충성과 온유와 절제니 이 같은 것을 금지할 법이 없느니라

갈라디아서 5:22-23

2권 12과 B

그리스도인의 성화

고린도후서 7:1

그런즉 사랑하는 자들아 이 약속을 가진 우리는 하나님을 두려워하는 가운데서 거룩함을 온전히 이루어 육과 영의 온갖 더러운 것에서 자신을 깨끗하게 하자

고린도후서 7:1

2권 13과 A

그리스도인의 성화

요한1서 3:3

주를 향하여 이 소망을 가진 자마다 그의 깨끗하심과 같이 자기를 깨끗하게 하느니라

요한1서 3:3

2권 13과 B

예수 그리스도의 재림

요한계시록 22:7

보라 내가 속히 오리니 이 두루마리의 예언의 말씀을 지키는 자는 복이 있으리라 하더라

요한계시록 22:7

2권 14과 A

예수 그리스도의 재림

데살로니가전서 4:16-17

주께서 호령과 천사장의 소리와 하나님의 나팔 소리로 친히 하늘로부터 강림하시리니 그리스도 안에서 죽은 자들이 먼저 일어나고 그 후에 우리 살아남은 자들도 그들과 함께 구름 속으로 끌어 올려 공중에서 주를 영접하게 하시리니 그리하여 우리가 항상 주와 함께 있으리라

데살로니가전서 4:16-17

2권 14과 B

순종의 생활

마태복음 7:24

그러므로 누구든지 나의 이 말을 듣고 행하는 자는 그 집을 반석 위에 지은 지혜로운 사람 같으리니

마태복음 7:24

3권 1과 A

순종의 생활

요한복음 14:21

나의 계명을 지키는 자라야 나를 사랑하는 자니 나를 사랑하는 자는 내 아버지께 사랑을 받을 것이요 나도 그를 사랑하여 그에게 나를 나타내리라

요한복음 14:21

3권 1과 B

봉사의 의무

빌립보서 2:3-4

아무 일에든지 다툼이나 허영으로 하지 말고 오직 겸손한 마음으로 각각 자기보다 남을 낫게 여기고 각각 자기 일을 돌볼뿐더러 또한 각각 다른 사람들의 일을 돌보아 나의 기쁨을 충만하게 하라

빌립보서 2:3-4

3권 2과 A

봉사의 의무

베드로전서 4:11상

만일 누가 말하려면 하나님의 말씀을 하는 것같이 하고 누가 봉사하려면 하나님이 공급하시는 힘으로 하는 것같이 하라

베드로전서 4:11상

3권 2과 B

그리스도를 증거하는 생활

마태복음 28:19-20

그러므로 너희는 가서 모든 민족을 제자로 삼아 아버지와 아들과 성령의 이름으로 세례를 베풀고 내가 너희에게 분부한 모든 것을 가르쳐 지키게 하라 볼지어다 내가 세상 끝날까지 너희와 항상 함께 있으리라 하시니라

마태복음 28:19-20

3권 3과 A

그리스도를 증거하는 생활

마태복음 5:16

이같이 너희 빛이 사람 앞에 비치게 하여 그들로 너희 착한 행실을 보고 하늘에 계신 너희 아버지께 영광을 돌리게 하라

마태복음 5:16

3권 3과 B

말의 덕을 세우는 사람

누가복음 6:45

선한 사람은 마음에 쌓은 선에서 선을 내고 악한 자는 그 쌓은 악에서 악을 내나니 이는 마음에 가득한 것을 입으로 말함이니라

누가복음 6:45

3권 4과 A

말의 덕을 세우는 사람

잠언 15:23

사람은 그 입의 대답으로 말미암아 기쁨을 얻나니 때에 맞는 말이 얼마나 아름다운고

잠언 15:23

3권 4과 B

영적 성장과 성숙

에베소서 4:13

우리가 다 하나님의 아들을 믿는 것과 아는 일에 하나가 되어 온전한 사람을 이루어 그리스도의 장성한 분량이 충만한 데까지 이르리니

에베소서 4:13

3권 5과 A

영적 성장과 성숙

빌립보서 3:12

내가 이미 얻었다 함도 아니요 온전히 이루었다 함도 아니라 오직 내가 그리스도 예수께 잡힌 바 된 그것을 잡으려고 달려가노라

빌립보서 3:12

3권 5과 B

순결한 생활

고린도전서 6:19-20

너희 몸은 너희가 하나님께로부터 받은 바 너희 가운데 계신 성령의 전인 줄을 알지 못하느냐 너희는 너희 자신의 것이 아니라 값으로 산 것이 되었으니 그런즉 너희 몸으로 하나님께 영광을 돌리라

고린도전서 6:19-20

3권 6과 A

순결한 생활

디모데후서 2:22

또한 너는 청년의 정욕을 피하고 주를 깨끗한 마음으로 부르는 자들과 함께 의와 믿음과 사랑과 화평을 따르라

디모데후서 2:22

3권 6과 B

그리스도인의 가정생활

에베소서 6:1-3

자녀들아 주 안에서 너희 부모에게 순종하라 이것이 옳으니라 네 아버지와 어머니를 공경하라 이것은 약속이 있는 첫 계명이니 이로써 네가 잘되고 땅에서 장수하리라

에베소서 6:1-3

3권 7과 A

그리스도인의 가정생활

신명기 6:6-7

오늘 내가 네게 명하는 이 말씀을 너는 마음에 새기고 네 자녀에게 부지런히 가르치며 집에 앉았을 때에든지 길을 갈 때에든지 누워 있을 때에든지 일어날 때에든지 이 말씀을 강론할 것이며

신명기 6:6-7

3권 7과 B

신앙 인격의 연단

시편 119: 71

고난 당한 것이 내게 유익이라 이로 말미암아 내가 주의 율례들을 배우게 되었나이다

시편 119:71

3권 8과 A

신앙 인격의 연단

로마서 8:28

우리가 알거니와 하나님을 사랑하는 자 곧 그의 뜻대로 부르심을 입은 자들에게는 모든 것이 합력하여 선을 이루느니라

로마서 8:28

3권 8과 B

그리스도의 주재권

로마서 14:7-8

우리 중에 누구든지 자기를 위하여 사는 자가 없고 자기를 위하여 죽는 자도 없도다 우리가 살아도 주를 위하여 살고 죽어도 주를 위하여 죽나니 그러므로 사나 죽으나 우리가 주의 것이로다

로마서 14:7-8

3권 9과 A

그리스도의 주재권

요한계시록 3:20

볼지어다 내가 문밖에 서서 두드리노니 누구든지 내 음성을 듣고 문을 열면 내가 그에게로 들어가 그와 더불어 먹고 그는 나와 더불어 먹으리라

요한계시록 3:20

3권 9과 B

청지기 직

에베소서 5:15–16

그런즉 너희가 어떻게 행할지를 자세히 주의하여 지혜 없는 자같이 하지 말고 오직 지혜 있는 자같이 하여 세월을 아끼라 때가 악하니라

에베소서 5:15–16

3권 10과 A

청지기 직

디모데전서 6:17

네가 이 세대에서 부한 자들을 명하여 마음을 높이지 말고 정함이 없는 재물에 소망을 두지 말고 오직 우리에게 모든 것을 후히 주사 누리게 하시는 하나님께 두며

디모데전서 6:17

3권 10과 B

영적 전투

베드로전서 5:8

근신하라 깨어라 너희 대적 마귀가 우는 사자같이 두루 다니며 삼킬 자를 찾나니

베드로전서 5:8

3권 11과 A

영적 전투

에베소서 6:10–11

끝으로 너희가 주 안에서와 그 힘의 능력으로 강건하여지고 마귀의 간계를 능히 대적하기 위하여 하나님의 전신 갑주를 입으라

에베소서 6:10–11

3권 11과 B

새 계명: 사랑하라

요한복음 13:34–35

새 계명을 너희에게 주노니 서로 사랑하라 내가 너희를 사랑한 것같이 너희도 서로 사랑하라 너희가 서로 사랑하면 이로써 모든 사람이 너희가 내 제자인 줄 알리라

요한복음 13:34–35

3권 12과 A

새 계명: 사랑하라

요한1서 3:18

자녀들아 우리가 말과 혀로만 사랑하지 말고 행함과 진실함으로 하자

요한1서 3:18

3권 12과 B